VERLAGSGRUPPE PATMOS

PATMOS
ESCHBACH
GRÜNEWALD
THORBECKE
SCHWABEN

Die Verlagsgruppe
mit Sinn für das Leben

MIX
Paper from
responsible sources
FSC® C106531

Für die Verlagsgruppe Patmos ist Nachhaltigkeit ein wichtiger Maßstab ihres Handelns. Wir achten daher auf den Einsatz umweltschonender Ressourcen und Materialien.

Umschlaggestaltung: Finken & Bumiller, Stuttgart
Satz: Schwabenverlag AG, Ostfildern
Druck: Drogowiec, Kielce
Hergestellt in Polen
ISBN 978-3-7995-1119-3

EINFACH GUTE

ONE POT MEALS

GENUSS AUS EINEM TOPF

METTE ANKARLOO

FOTOS VON CHRISTINA UHLIN
AUS DEM SCHWEDISCHEN VON RICARDA ESSRICH

JAN THORBECKE VERLAG

ONE POT MEALS – ALLES AUS EINEM TOPF

Sicher kann es nett sein, stundenlang in der Küche zu stehen und sich mit ganzer Seele dem Kochen zu widmen! Aber manchmal muss es einfach schneller gehen. So wenig Einsatz wie möglich für ein möglichst leckeres Ergebnis. Dann sind One Pot Meals die richtige Wahl: eine geniale Art zu kochen.
Dieses Buch soll Sie zu vielen wunderbaren Gerichten inspirieren, bei denen Sie viel Zeit für andere Dinge übrig haben. Unkomplizierte Vorbereitungen, Gerichte, die allein auf dem Herd oder im Ofen vor sich hin köcheln, und minimaler Abwasch. Würzige Eintöpfe für den trüben Herbst, leckere, schnell zubereitete Gerichte für die hektische Weihnachtszeit, leichte Mahlzeiten mit jungem Frühjahrsgemüse und frische Salate für leichte Sommertage.
Selbst zubereitetes Essen ist ein Luxus, den wir uns jeden Tag gönnen sollten. Und das muss weder kompliziert noch zeitaufwendig sein.

Mette

INHALT

SUPPEN

BROKKOLISUPPE MIT GARNELEN

Eine cremige Suppe mit milden Aromen und einer leicht salzigen Note durch die Garnelen.

4 Personen

500 g Garnelen mit Schale
1 Zwiebel
2 Kartoffeln
250 g Brokkoli
1,2 l Gemüsebrühe
100 ml Schlagsahne
Salz und Pfeffer

Die Garnelen schälen, die Zwiebel und die Kartoffeln schälen und klein schneiden. Den Brokkoli in Röschen teilen.

Die Brühe aufkochen. Die Zwiebel, die Kartoffeln und den Brokkoli hineingeben, aufkochen lassen und etwa 10 Minuten kochen. Die Suppe mit einem Pürierstab oder in der Küchenmaschine fein pürieren.

Anschließend zurück in den Topf gießen, die Sahne hinzufügen und aufkochen lassen. Mit Salz und Pfeffer abschmecken.

Die Suppe mit den Garnelen und nach Wunsch mit einem guten Brot servieren.

Notizen:

....

....

....

....

LACHSSUPPE MIT JUNGEM GEMÜSE

Eine elegante Suppe, die ganz leicht gelingt. Mit anderen Worten: perfekt für Gäste!

4 Personen

600 g Lachsfilet
2–3 junge Frühlingsmöhren oder eine normale Möhre
1 Bund Spargel
120 g Zuckerschoten
2 EL Olivenöl
400 ml Fischbrühe (z.B. aus dem Asialaden)
200 ml Schlagsahne
Salz und Pfeffer
1 Bund Dill

Den Lachs in Würfel und die Möhren in Stifte schneiden. Den Spargel und die Zuckerschoten in kleinere Stücke schneiden.

Die Möhren in Olivenöl bei mittlerer Hitze 5 Minuten anschwitzen, bis sie fast weich sind. Den Spargel und die Zuckerschoten zugeben, die Brühe und die Sahne hinzufügen und das Ganze eine Weile köcheln lassen.

Dann die Lachsstücke in die Suppe geben und einige Minuten darin ziehen lassen. Mit Salz und Pfeffer abschmecken und den gehackten Dill unterrühren.

Notizen:

....

....

....

....

CHINESISCHE SUPPE MIT SCHWEINEFLEISCH UND GEMÜSE

Eine erfrischende Suppe mit anregender Ingwernote. Als Variation können Sie die Suppe auch mit Hühnerfleisch aus Brust oder Keule zubereiten!

4 Personen

400 g Schweinefilet
1 pflaumengroßes Stück Ingwer
1 roter Chili
200 g Pak Choi
1 Bund Frühlingszwiebeln
600 ml Hühnerbrühe
1 TL helle Sojasauce
1 TL chinesisches Fünf-Gewürze-Pulver
Salz und Pfeffer

Das Schweinefilet in 10 cm lange dünne Streifen schneiden. Den Ingwer schälen und ebenfalls in feine Streifen schneiden. Den Chili entkernen und hacken, die Pak-Choi-Stauden längs vierteln. Die Frühlingszwiebeln inklusive dem Grün in feine Röllchen schneiden.

Die Brühe, die Sojasauce und das Fünf-Gewürze-Pulver aufkochen. Alle übrigen Zutaten bis auf das Grün der Frühlingszwiebeln hinzufügen und zugedeckt bei schwacher Hitze 8 Minuten köcheln lassen. Mit Salz und Pfeffer abschmecken.

Die Suppe in Schüsseln füllen und die restlichen Frühlingszwiebeln darüberstreuen. Für eine etwas kräftigere Mahlzeit Reis oder Nudeln als Beilage servieren.

Notizen:

CREMIGE HÜHNERSUPPE

Am Vortag ist Huhn übrig geblieben? Dann führt kein Weg an dieser rustikalen amerikanischen Suppe vorbei.

4 Personen

1 Bund Frühlingszwiebeln
1 Stange Sellerie
3 große Kartoffeln
2 EL Rapsöl
1,2 l Hühnerbrühe
200 ml Milch
100 ml Sahne
1 EL Weizenmehl zum Binden
1 Dose Mais
100–150 g fertig zubereitetes Hühnerfleisch, fein geschnitten, ohne Sehnen, Haut oder Knochen
Salz und Pfeffer
½ Bund Koriander
1 Chili

Die Frühlingszwiebeln und den Sellerie in Scheiben schneiden. Die Kartoffeln schälen und würfeln.

Die Frühlingszwiebeln und den Sellerie in etwas Öl braten, bis sie weich sind. Dann die Kartoffeln und die Brühe hinzufügen. 10 Minuten kochen.

Mit Milch und Sahne aufgießen und weitere 5 Minuten köcheln lassen. Das Mehl mit etwas Wasser verrühren und in einem dünnen Strahl unter ständigem Rühren in die Suppe gießen. Den Mais und das Hühnerfleisch zugeben und in der Suppe erwärmen. Anschließend die Suppe mit einem Pürierstab grob pürieren. Mit Salz und Pfeffer abschmecken.

Den Koriander und den Chili hacken und beim Servieren über die Suppe streuen.

Notizen:

CREMIGE SÜSSKARTOFFELSUPPE

Eine frische, aber trotzdem sättigende Suppe mit den feinen Aromen von Chili und Limette.

4 Personen

1 Dose weiße Bohnen à 400 g
400 g Süßkartoffeln
2 Zwiebeln
3 Knoblauchzehen
2 rote Chili
1 EL Rapsöl
800 ml Gemüsebrühe
100 ml Schlagsahne
1 Bio-Limette, abgeriebene Schale und ausgepresster Saft
Salz und Pfeffer

Die Bohnen in einem Sieb abspülen und abtropfen. Die Süßkartoffeln schälen und in Stücke schneiden. Die Zwiebeln und den Knoblauch schälen und fein hacken, die Chilis entkernen und fein schneiden.

In einem Topf die Zwiebeln und den Knoblauch in etwas Öl anschwitzen. Die Süßkartoffeln, die Chilis, die Brühe und die Sahne hinzufügen. Die Suppe etwa 15 Minuten kochen. Dann die Bohnen sowie den Limettenabrieb und -saft unterrühren und weitere 3 Minuten kochen. Die Suppe pürieren und mit Salz und Pfeffer abschmecken.

Notizen:

BOHNENSUPPE MIT SPECK

Ein wärmendes Wintergericht für kalte Abende. Dazu passen ein rustikales Landbrot und ein guter Käse!

4 Personen

2 Dosen weiße Bohnen à 400 g
1 Zwiebel
2 Stangen Sellerie
2 EL Butter
175 g Speckwürfel
1,2 l Hühnerbrühe
1 EL Weißweinessig
150 ml saure Sahne
100 g Babyspinat
1 Bund Dill
Salz und Pfeffer

Die Bohnen in einem Sieb abspülen und abtropfen. Die Zwiebel und den Sellerie schälen und fein hacken. In einem Topf die Butter erhitzen und die Zwiebel, den Sellerie und den Speck anschwitzen, bis die Speckwürfel Farbe bekommen. Einen Schuss Brühe angießen und den Deckel auflegen. 10 Minuten köcheln lassen, bis das Gemüse richtig weich ist.

Dann die restliche Brühe und die Bohnen hinzufügen. Kurz aufkochen und dann bei niedriger Hitze 10 Minuten köcheln lassen. Mit einem Kartoffelstampfer einen Teil der Bohnen zerdrücken, damit die Suppe etwas andickt. Den Topf vom Herd nehmen und den Essig und die saure Sahne einrühren. Zum Schluss den Spinat, der sofort zusammenfällt, und den fein gehackten Dill hinzufügen. Mit Salz und Pfeffer abschmecken und sofort servieren.

Notizen:

....

....

....

....

NUDELSUPPE MIT PAK CHOI

Eine leichte, aber sättigende Suppe mit frischen asiatischen Aromen.

4 Personen

1 Kopf Pak Choi
6 Kirschtomaten
1 ½ EL rote Currypaste
1 TL Rapsöl
1 l Gemüsebrühe
1 Dose Kokosmilch (400 ml)
1 TL Rohrzucker
175–200 g Eiernudeln
1 Limette
Salz und Pfeffer
½ Bund Koriander

Die Pak-Choi-Blätter voneinander trennen. Die Tomaten halbieren.

Die Currypaste in etwas Öl unter Rühren kurz anschwitzen. Die Brühe, die Kokosmilch und den Zucker hinzufügen und aufkochen lassen. Dann die Nudeln zugeben und nach Verpackungsanweisung kochen. Die Limette über der Suppe auspressen und das Ganze mit Salz und Pfeffer abschmecken. Den Pak Choi und die Tomaten hinzufügen und kurz erwärmen. Mit gehacktem Koriander bestreuen und servieren.

Notizen:

gerne informieren wir Sie künftig über unsere Neuerscheinungen. Teilen Sie uns mit, für welche Themen Sie sich interessieren, und schicken Sie einfach diese Karte zurück. Wenn Sie außerdem unsere Fragen auf der Rückseite beantworten, helfen Sie uns, zukünftig genau die Bücher zu machen, die ***Sie*** interessieren!

Bei Rücksendung dieser Bücherkarte nehmen Sie an unserer monatlichen Verlosung teil: Die Gewinnerin/der Gewinner erhält Bücher aus den von Ihnen genannten Themenbereichen im Wert von 50,– €.

VORNAME / NAME

STRASSE / HAUSNUMMER

PLZ / ORT

E-MAIL

Bei Angabe Ihrer Mail-Adresse erhalten Sie rund 6 Mal jährlich unseren Newsletter, der Sie über die uns genannten Themenbereiche informiert.

Antwort

JAN THORBECKE VERLAG
VERLAGSGRUPPE PATMOS
Senefelderstraße 12
D-73760 Ostfildern

RAUCHIGER FISCHEINTOPF

Ein wunderbar duftender Fischeintopf mit würzigen Aromen. Lachs und Dorsch können Sie durch andere Fischsorten ersetzen. Sie sollten aber nach Möglichkeit einen fetten und einen mageren Fisch kombinieren.

4 Personen

3–4 Schalotten
2 Knoblauchzehen
200 g Champignons
2 EL Olivenöl
1 EL geräuchertes Paprikapulver
250 g Kirschtomaten
500 ml Hühnerbrühe
½–1 EL Weißweinessig
½ Zitrone, ausgepresster Saft
1 TL Rosmarin
500 g Kartoffeln, am besten Spargel- oder Mandelkartoffeln
400 g Garnelen mit Schale
200 g Dorschfilet
200 g Lachsfilet
Salz und Pfeffer

Die Schalotten und den Knoblauch schälen und klein hacken, die Champignons klein schneiden. Das Öl in einem großen Topf bei mittlerer Hitze erhitzen. Die Schalotten, den Knoblauch und die Pilze darin einige Minuten anschwitzen, bis die Schalotten weich sind. Dann das geräucherte Paprikapulver, die ganzen Tomaten, die Brühe, den Essig, den Zitronensaft und den Rosmarin hinzufügen. Die Kartoffeln halbieren und in den Topf legen. Zugedeckt 10–15 Minuten köcheln lassen, bis die Kartoffeln weich werden.

Währenddessen die Garnelen schälen und den Fisch in Würfel schneiden. Kurz bevor die Kartoffeln gar sind, die Fischwürfel in den Eintopf einlegen und 5 Minuten mitkochen lassen. Dann die Garnelen zugeben und in der Suppe erwärmen, ohne dass diese kocht. Mit Salz, frisch gemahlenem schwarzen Pfeffer und evtl. etwas mehr Zitronensaft abschmecken. Dazu ein gutes Brot servieren.

Notizen:

HÜHNCHENCURRY MIT KÜRBIS UND GRÜNKOHL

Ein wärmendes Curry, das durch den frischen Ingwer eine besondere Note erhält.

4 Personen

1 frisches Huhn, ca. 1,3 kg
1 Zwiebel
3 Knoblauchzehen
10 cm frischer Ingwer
1 kleiner Butternut-Kürbis, ca. 500 g
2 EL Raps- oder Olivenöl
1 ½ EL Currypulver
600 ml Hühnerbrühe
2 EL Apfelessig
evtl. 1 Prise Zucker
Salz und Pfeffer
100 g geputzter Grünkohl, grob gehackt

Das Huhn in 8 Stücke zerteilen. Die Haut abziehen und wegwerfen. Die Zwiebel schälen und in feine Scheiben schneiden. Den Knoblauch und den Ingwer schälen und reiben oder in einer Küchenmaschine pürieren. Den Kürbis schälen und entkernen und in kleine Stücke schneiden.

Die Zwiebel in einem großen Topf in etwas Öl glasig anschwitzen. Den Knoblauch und den Ingwer unterrühren und kurz mitbraten. Das Currypulver darüberstreuen und unterrühren. Die Brühe hinzufügen und das Ganze aufkochen lassen, dann die Fleischstücke einlegen. Das Ganze erneut aufkochen lassen und 10 Minuten kochen. Die Kürbiswürfel hinzufügen und weitere 20 Minuten zugedeckt kochen.

Mit Essig, evtl. etwas Zucker sowie Salz und Pfeffer abschmecken. Zum Schluss den Grünkohl unterrühren und 2–3 Minuten mitkochen.

CURRY MIT AUBERGINE UND PILZEN

Ein vegetarisches, sehr aromatisches Gericht! Bei mehr als vier Personen oder besonders hungrigen Gästen servieren Sie Naan-Brot dazu.

4 Personen

1 Zwiebel
3 mittelgroße festkochende Kartoffeln
1 Aubergine
1 EL Rapsöl
1 ½ EL Currypulver
250 g kleine Champignons
1 Dose Kokosmilch
1 Gemüsebrühwürfel
3 Kaffirlimettenblätter
½ Limette
1–2 TL Sriracha oder Sambal Oelek
Salz und Pfeffer
1 Bund Koriander

Die Zwiebel schälen und wie die Kartoffeln und die Aubergine in Stücke in der Größe der Champignons schneiden. Das Öl in einem Topf erhitzen. Die Zwiebel und die Kartoffeln hineingeben, zudecken und bei mittlerer Hitze 5 Minuten anbraten, bis die Kartoffeln beginnen, weich zu werden.

Die Hitze erhöhen, das Currypulver darüberstreuen und einige Sekunden mit anschwitzen. Dann die Aubergine und die Pilze hinzufügen. Unter Rühren 3–4 Minuten braten. Die Kokosmilch, den zerbröselten Brühwürfel, die Kaffirlimettenblätter, den ausgepressten Limettensaft und das Sriracha oder Sambal Oelek zugeben. Kurz aufkochen und dann etwa 10 Minuten köcheln lassen, bis die Kartoffeln weich sind. Mit Salz und Pfeffer abschmecken und kurz vor dem Servieren den gehackten Koriander einrühren.

Notizen:

SWEDEN

HÜHNCHENCHILI MIT AVOCADO-EINLAGE

Das Chili wird langsam im Ofen gebacken, dadurch wird es extra mürbe und aromatisch. Bei vielen Gästen verdoppeln oder verdreifachen Sie einfach die Mengen!

4 Personen

1 Zwiebel
1 Chorizo von guter Qualität
1 rote Paprika
1 EL Olivenöl
1 Dose gehackte Tomaten
1 Hühnerbrühwürfel
1 TL Chiliflocken
1 TL Oregano
4–5 Hühnerfilets aus der Keule, ca. 450 g
1 Dose Kidneybohnen
Salz und Pfeffer
2 Avocados
1 Limette, Saft
1 Bund frischer Koriander

Den Ofen auf 180 °C vorheizen. Die Zwiebel schälen, halbieren und in dünne Spalten schneiden. Die Wurst in Scheiben schneiden, die entkernte Paprika in grobe Streifen. Das Öl in einem ofengeeigneten Topf mit Deckel erhitzen. Die Zwiebel bei mittlerer Hitze 5 Minuten anschwitzen. Die Chorizo hinzufügen und ein paar Minuten mitbraten.

Die Paprika unterrühren und dann die gehackten Tomaten, den zerbröselten Brühwürfel, die Chiliflocken und den Oregano hinzufügen. Anschließend die Hühnerfilets vorsichtig in den Tomatensud drücken. Das Ganze aufkochen lassen und zugedeckt im Ofen 40 Minuten backen.

In einem Sieb die Bohnen abspülen und abtropfen. Unter den Eintopf mischen. Das Chili weitere 20 Minuten backen. Mit Salz und Pfeffer abschmecken.

Die Avocados in Spalten schneiden und in Limettensaft und Salz wenden. Den Koriander hacken und einen Großteil davon unter den Eintopf mischen. Den Rest mit den Avocados vermengen. Das Chili garniert mit Avocados und Koriander servieren.

Notizen:

SENFHUHN

Ein wunderbarer Eintopf für kalte, dunkle Winterabende. Servieren Sie ein gutes Brot und einen frischen Salat dazu.

4–6 Personen

700 g Hühnerfilet
1 TL Thymian
Salz und Pfeffer
1 Zwiebel
5 Stangen Sellerie
3 Möhren
3 Pastinaken
100 g Speckwürfel
50 g Butter
1 EL Weizenmehl
900 ml Hühnerbrühe
2 EL französischer Senf
100 ml Crème fraîche
einige Zweige glatte Petersilie

Die Hühnerfilets rundum mit Thymian, Salz und Pfeffer würzen und zur Seite stellen.

Die Zwiebel schälen und hacken, den Sellerie, die Möhren und die Pastinaken klein schneiden.

Die Zwiebel- und Speckwürfel in der Butter bei niedriger Hitze etwa 5 Minuten braten, bis sie Farbe annehmen. Dann das restliche Gemüse zugeben und ein paar Minuten mitbraten. Mit Mehl bestreuen und umrühren. Unter Rühren nach und nach die Brühe angießen. Den Eintopf aufkochen lassen, dabei die ganze Zeit rühren. Die Hühnerfilets in den Eintopf legen und das Ganze zugedeckt 25 Minuten köcheln lassen.

Den Senf und die Crème fraîche unterrühren und mit Salz und Pfeffer abschmecken. Mit gehackter Petersilie bestreuen und am besten mit einem guten Brot servieren.

Notizen:

.....

.....

.....

.....

GRÜNER HÜHNEREINTOPF

Dieser frische Hühnereintopf steckt voller gesundem Gemüse. Die Filets aus der Keule schmecken intensiver und saftiger als das Fleisch aus der Brust, daher eignen sie sich besonders gut für Eintöpfe.

4 Personen

1 Zwiebel
1 Bund Frühlingszwiebeln
1 EL Olivenöl
400 ml Gemüsebrühe
500 g Hühnerfilets aus der Keule
300 g ganz kleine Kartoffeln
350 Brokkoliröschen
150 g grüne Erbsen
2 EL Pesto Genovese
Salz und Pfeffer

Die Zwiebel schälen und hacken, die Frühlingszwiebeln in feine Röllchen schneiden. Die Zwiebelwürfel ca. 5 Minuten bei mittlerer Hitze in etwas Olivenöl anschwitzen, bis sie weich werden. Dann die Brühe hinzufügen. Das Hühnerfleisch und die Kartoffeln in die Brühe legen und aufkochen lassen. Dann zugedeckt 25–30 Minuten köcheln lassen, bis das Fleisch und die Kartoffeln gar sind.

Den Brokkoli, die Erbsen und die Frühlingszwiebeln hinzufügen und 3–5 Minuten kochen. Anschließend das Pesto einrühren, den Eintopf mit Salz und Pfeffer abschmecken und sofort servieren.

Notizen:

....

....

....

....

WÄRMENDES GULASCH

Steht der Eintopf erst auf dem Herd, müssen Sie sich nicht mehr um ihn kümmern, sondern können sich anderen Dingen widmen.

4 Personen

2 Knoblauchzehen
2 Zwiebeln
2 Tomaten
2 EL Rapsöl
1 EL Paprikapulver
½ EL Oregano
½ EL Kümmel
1 l Fleischbrühe
2 Tomaten
1 EL Tomatenmark
1–2 EL Essig
600 g Schweinegulasch
200 g Kartoffeln
Salz und Pfeffer
evtl. etwas Essig
evtl. gehackte Petersilie und saure Sahne zum Servieren

Den Knoblauch schälen und in dünne Scheiben schneiden, die geschälten Zwiebeln und die Tomaten würfeln. Die Zwiebeln und den Knoblauch in Öl bei niedriger Hitze anschwitzen, bis sie weich werden. Dann alle anderen Zutaten bis auf das Fleisch und die Kartoffeln hinzufügen. Verrühren und aufkochen lassen. Das Fleisch hinzufügen und zugedeckt 1–1½ Stunden kochen. Das Fleisch soll richtig mürbe werden.

Die Kartoffeln schälen und in grobe Stücke schneiden. Dann 10 Minuten mitkochen lassen. Mit Salz, Pfeffer und evtl. noch etwas Essig abschmecken. Mit gehackter Petersilie bestreuen und mit einem Klecks saurer Sahne servieren. Dazu passt ein gutes Brot.

Notizen:

HERBSTEINTOPF MIT RINDFLEISCH ODER WILD

Ein herrlich würziger Eintopf, in dem so viel mehr steckt als nur Fleisch! Suchen Sie das Fleisch ganz nach Geschmack und Verfügbarkeit aus.

6 Personen

2 Möhren
2 Knoblauchzehen
500 g Gulasch vom Rind oder Wild, z.B. Hirsch
Salz und Pfeffer
3 EL Olivenöl
200 g Champignons
1 TL Estragon
½ TL Thymian
2 Dosen gehackte Tomaten à 400 g
2 Bio-Zitronen, abgeriebene Schale und ausgepresster Saft
2 Auberginen
400 g Kartoffeln
1 Dose Canellini-Bohnen

Die Möhren grob klein schneiden und den Knoblauch schälen und fein hacken. Das Gulasch rundum mit Salz und Pfeffer würzen. 1 EL des Öls in einem großen Schmortopf erhitzen und das Fleisch von allen Seiten anbraten. Aus dem Topf nehmen und 1 EL Öl in den Topf geben. Die Möhren und die Champignons ein paar Minuten anbraten. Den Knoblauch unterrühren und ganz kurz mitbraten. Die Gewürze, die Tomaten, den Zitronensaft und den -abrieb hinzufügen. Aufkochen lassen und das Fleisch wieder hinzufügen. Zugedeckt 1–1½ Stunden köcheln lassen, bis das Fleisch richtig mürbe ist.

Den Ofen auf 225 °C vorheizen. Die Auberginen in 1½ cm dicke Halbmonde schneiden. Auf ein mit Backpapier ausgelegtes Backblech legen, mit dem restlichen Öl beträufeln und im Ofen 10–15 Minuten backen.

Die Kartoffeln in kleinere Stücke schneiden. Die Bohnen in einem Sieb abspülen und abtropfen. Die Kartoffeln und die Bohnen in den Topf geben und 15 Minuten mitkochen. Mit Salz und Pfeffer abschmecken.

Zum Schluss vorsichtig die Auberginenstücke unterheben, kurz erwärmen und servieren.

Notizen:

....

....

....

....

BOHNENEINTOPF MIT CHORIZO

Das perfekte Abendessen, wenn alle einen Riesenhunger haben und eigentlich keiner kochen will.

4 Personen

2 Dosen Bohnen à 400 g, z.B. große weiße Bohnen oder Kidneybohnen
4 Chorizos
2 rote Paprika
2 rote Zwiebeln
3 EL Olivenöl
100 ml Wasser
3 ½ EL Weißweinessig
Salz und Pfeffer
einige Zweige glatte Petersilie

Die Bohnen in einem Sieb abspülen und gründlich abtropfen.

Die Würste und die entkernten Paprikaschoten klein schneiden. Die Zwiebeln schälen und in dünne Spalten schneiden. Alles zusammen bei mittlerer Hitze in etwas Olivenöl anschwitzen, bis die Wurst und das Gemüse ein wenig Farbe bekommen haben. Mit Wasser und Essig aufgießen und die Bohnen unterrühren. Zugedeckt 15 Minuten köcheln lassen.

Mit Salz und Pfeffer abschmecken. Mit fein gehackter Petersilie bestreuen und nach Geschmack mit einem guten Brot servieren.

Notizen:

....

....

....

....

ÜBER NACHT GEBACKENES SCHWEINEFLEISCH

Ein unglaublich leckeres Gericht, das sich quasi von selbst zubereitet, während Sie mit anderen Dingen beschäftigt sind. Schmeckt toll zu Pasta, lässt sich aber auch mit ein wenig Brot und vielleicht einem Salat genießen.

6 Personen

2 EL Olivenöl
600–700 g Schweinefleisch in Würfeln, vom Bug oder Schinken
Salz und frisch gemahlener Pfeffer
1 rote oder orange Paprika
250–300 g Kirschtomaten
2 Knoblauchzehen
1 TL Rosmarin
1 Lorbeerblatt

Den Ofen auf 95 °C vorheizen. Das Öl in einen ofengeeigneten Topf mit Deckel geben. Das Fleisch mit Salz und frisch gemahlenem Pfeffer würzen und dann in den Topf legen. Die Paprika entkernen und grob klein schneiden, zusammen mit den anderen Zutaten in den Topf geben. Das Ganze zugedeckt in den Ofen stellen. 8–12 Stunden garen.

Das Fleisch herausnehmen und z.B. mithilfe von zwei Gabeln zerrupfen.

Das Fleisch vorsichtig unter den Bratensud heben und alles erwärmen. Mit Salz und Pfeffer abschmecken. Mit frisch gekochter Pasta, gehobeltem Parmesan und nach Geschmack etwas gehackter glatter Petersilie oder mit einem guten Brot und Salat servieren.

Notizen:

KOTELETT PIZZAIOLA

Dieser Eintopf schmeckt mit Kotelett-Verschnitt am besten. Das sind Koteletts, die nicht richtig geschnitten wurden und daher vom Metzger günstiger verkauft werden. So setzen Sie sich außerdem noch gegen Lebensmittelverschwendung ein. Eine Win-Win-Situation!

4 Personen

800 g Schweinekoteletts mit Knochen oder die gleiche Menge Kotelett-Verschnitt
1 ½–2 TL Salz
2 EL Oregano
frisch gemahlener schwarzer Pfeffer
2 Dosen gehackte Tomaten à 400 g
2 Knoblauchzehen
2 EL Olivenöl
300 g tiefgekühlte grüne Bohnen
geriebener Parmesan

Die Koteletts mit Salz, Oregano und reichlich frisch gemahlenem schwarzem Pfeffer würzen. Die Tomaten, den ausgepressten Knoblauch und das Olivenöl in einem großen Topf mischen. Die Koteletts hineinlegen, dabei darauf achten, dass sie rundherum mit Tomatensauce bedeckt sind. Zudecken und aufkochen lassen. Dann 40–60 Minuten köcheln lassen, bis das Fleisch richtig mürbe ist und sich fast von allein vom Knochen löst. Mit Salz und Pfeffer abschmecken.

Die tiefgekühlten Bohnen in den Topf auf das Fleisch und die Tomatensauce geben. Zudecken und die Bohnen so erhitzen. Den Eintopf mit frisch geriebenem Parmesan servieren.

Notizen:

AUS DEM OFEN

SCHWEINEKARREE AUS DEM OFEN MIT GEMÜSE UND TOMATENSUGO

Ein schnell zubereitetes One-Pot-Gericht, das sich für die Alltagsküche genauso eignet wie für Gäste. Variieren Sie mit anderen Gemüse- und Wurzelgemüsesorten – ganz nach Verfügbarkeit und Geschmack!

4 Personen

6 kleine Kartoffeln, zum Beispiel Spargel- oder Mandelkartoffeln
1 rote Paprika
4 Knoblauchzehen
½ TL Thymian
300 ml Hühnerbrühe
1 EL Crema di pomodori secchi
1 Zucchini
600 g Schweinekarree ohne Knochen, in Scheiben
Salz und Pfeffer

Den Ofen auf 200 °C vorheizen. Die Kartoffeln halbieren und die entkernte Paprika in grobe Stücke schneiden. Zusammen mit den ungeschälten Knoblauchzehen in eine tiefe Fettpfanne geben. Mit Thymian bestreuen. Die Brühe aufkochen und mit der Tomatencreme verrühren. In die Form gießen und das Ganze sorgfältig mit Alufolie abdecken. 30 Minuten braten. Währenddessen die Zucchini in Stifte schneiden.

Die Form herausnehmen und die Temperatur auf 225 °C erhöhen. Die Folie abnehmen und das Fleisch und die Zucchini in die Form legen. Gut mit Salz und Pfeffer würzen. Im Ofen 15–20 Minuten braten, bis das Fleisch Farbe bekommen hat und gar ist. Das Fleisch und das Gemüse mit dem Bratensud servieren.

Notizen:

ZITRONENHUHN

In diesem Gericht werden viele wunderbare Aromen herrlich mediterran kombiniert.

4–5 Personen

1 Huhn
Salz und Pfeffer
4–5 Kartoffeln
1 kleine Zucchini
1 Aubergine
1 große Zitrone
1 Knoblauchknolle
1 EL flüssiger Honig
einige Zweige frischer Thymian

Den Ofen auf 225 °C vorheizen. Das Huhn in 6 Teile trennen: je zwei Schenkel, Brüste und Flügel. Alle Stücke ein paar Mal quer einschneiden. Ringsum mit Salz und Pfeffer würzen.

Eine Fettpfanne mit Backpapier auslegen. Die Kartoffeln in Spalten schneiden, die Zucchini und die Aubergine in dicke Halbmonde schneiden, die Zitrone in dünne. Die Knoblauchknolle schälen und halbieren. Alles mit Salz und Pfeffer würzen. Mit den Händen vermengen, damit alles gut gemischt ist, dann in einer Schicht in der Pfanne verteilen. Die Hühnerteile auf das Gemüse legen und mit Honig beträufeln.

Im Ofen 35–40 Minuten backen, bis das Huhn gar und gebräunt ist. Vor dem Servieren mit frischem Thymian bestreuen.

Notizen:

....

....

....

....

LAMMHACK UND GEMÜSE AUS DEM OFEN

Ein fantastisches Lammgericht mit griechischen Aromen!

4 Personen

1 Zwiebel
2 Eier
½ TL Salz
1 Bund frische Minze
Pfeffer
450 g Lammhackfleisch
30 g Paniermehl
1 Bund Frühlingszwiebeln
4–5 Kartoffeln
1 Zucchini
250 g Kirschtomaten
2 EL Olivenöl
50 g Feta

Den Ofen auf 200 °C vorheizen. Die Zwiebel schälen und klein schneiden und mit den Eiern, dem Salz, der Hälfte der Minzblätter und reichlich schwarzem Pfeffer in der Küchenmaschine mixen. Das Hackfleisch und das Paniermehl zugeben und das Ganze zu einer glatten Masse verarbeiten. 8 Bällchen formen und auf einem mit Backpapier ausgelegten Backblech verteilen.

Die Frühlingszwiebeln und die Kartoffeln der Länge nach halbieren, die Zucchini in Stifte schneiden. Zusammen mit den Kirschtomaten rund um das Fleisch verteilen. Großzügig mit Salz und Pfeffer würzen und mit Olivenöl beträufeln.

Im Ofen ca. 40 Minuten braten, bis alles eine schöne Farbe bekommen hat und das Fleisch gar ist. Die restlichen Minzblätter hacken und zusammen mit dem zerbröselten Feta über das Gericht streuen.

Notizen:

....

....

....

....

PIZZA AUS DER FORM MIT GARNELEN UND ARTISCHOCKEN

Eine Pizza mit herrlichen Geschmackskombinationen. Weil der Teig direkt in die Form gedrückt wird, sparen Sie sich das Ausrollen und die Mehlmengen auf der Arbeitsfläche.

4–5 Personen

PIZZATEIG
25 g Hefe
300 ml Wasser
2 EL Olivenöl
1 TL Salz
420 g Weizenmehl Type 550
Olivenöl für die Form

TOMATENSAUCE
1 kleine Knoblauchzehe
75 ml passierte Tomaten
1 TL Oregano
Salz und Pfeffer

BELAG
200 g Garnelen mit Schale
½ Dose Artischockenherzen in Öl
200 g Parmesan oder Grana Padano
2 Mozzarella
1 Rispe Kirschtomaten
1 Bund Rucola oder abgezupfte Petersilie

Die Hefe in eine Schüssel zerbröseln und mit dem Wasser, dem Öl und dem Salz verrühren. Das Mehl unterrühren und alles zu einem Teig verarbeiten. Zugedeckt 40–60 Minuten gehen lassen.

Den Ofen auf 240 °C vorheizen. Die Knoblauchzehe auspressen und mit den restlichen Zutaten für die Tomatensauce vermengen.

Die Garnelen schälen. Die Artischockenherzen abtropfen und den Käse reiben.

Eine Fettpfanne (ca. 45 × 40 cm) mit Öl einpinseln. Den Teig hineingeben, die Hände ölen, den Teig in die Form drücken und an den Kanten hochziehen. Die Tomatensauce dünn auf dem Teig verteilen. Den Mozzarella in kleine Stücke zerrupfen und darauf verteilen. Mit Parmesan bestreuen. Zuletzt die Garnelen, die Artischockenherzen und die ganze Rispe Kirschtomaten darauflegen. Im unteren Teil des Ofens etwa 15 Minuten backen. Mit frischen Kräutern garnieren und servieren.

Notizen:

HERBSTQUICHE MIT SERRANOSCHINKEN

Wenn Sie gerne das Essen vorbereiten, bevor sich alle an den Tisch setzen, ist diese leckere Quiche perfekt! Sie können Sie sogar am Tag vorher backen und im Kühlschrank aufbewahren. Dann sollten Sie sie aber leicht erwärmen, bevor Sie sie kurz vor dem Servieren mit Serranoschinken belegen.

4–5 Personen

QUICHETEIG
100 g Butter
180 g Weizenmehl
1 Prise Salz
1 Eigelb
1–1 ½ EL kaltes Wasser

FÜLLUNG
2 Möhren
2 Pastinaken
1 Stange Lauch
200 g Feta
3 Eier
150 ml Schlagsahne
Salz und Pfeffer
40 g gut abgelagerter geriebener Käse
4–6 Scheiben Serranoschinken

Den Quicheteig aus allen Zutaten in der Küchenmaschine zubereiten. Auf einen Teller legen, mit Klarsichtfolie abdecken und etwas ruhen lassen. Ist es sehr warm in der Küche, den Teig eine Weile in den Kühlschrank stellen. Den Ofen auf 200 °C vorheizen.

Den Teig ausrollen und eine Quicheform (Ø 24 cm) damit auslegen. Den Boden mit einer Gabel mehrmals einstechen und die Ränder mit Alufolie bedecken. Den Teig 10 Minuten vorbacken, dann die Form aus dem Ofen nehmen und die Alufolie entfernen.

Die Möhren und die Pastinaken in Stifte schneiden. In leicht gesalzenem Wasser etwa 5 Minuten kochen, bis das Wurzelgemüse weich wird. Abgießen. Den hellen Teil des Lauchs passend zur Größe des Wurzelgemüses klein schneiden. Das Wurzelgemüse, den Lauch und den zerbröselten Feta auf dem Quicheteig verteilen. Die Eier und die Sahne verquirlen. Mit etwas Salz und Pfeffer würzen und die Mischung über das Gemüse gießen. Mit geriebenem Käse bestreuen.

Die Quiche ca. 30 Minuten backen, bis die Füllung fest geworden ist. Lauwarm oder kalt servieren, nach Geschmack mit ein paar Scheiben Serranoschinken belegen.

Notizen:

SOMMERLICHE TOMATENTARTE

Dieses Gericht genießt man am besten im Sommer, wenn die Tomaten viel Sonne bekommen haben.

4 Personen

TARTETEIG
100 g Butter
180 g Weizenmehl
1 Prise Salz
1 Eigelb
1–1 ½ EL kaltes Wasser

BASILIKUMÖL
½ Bund Basilikum
½ Knoblauchzehe
100 ml Olivenöl
½ TL Honig
Salz und Pfeffer

FÜLLUNG
½ Bund Basilikum
250 g Ricotta
100 g Crème fraîche
80 g fein geriebener Parmesan
1 EL Olivenöl
Salz und Pfeffer
300 g gemischte Tomaten

Den Teig aus allen Zutaten in der Küchenmaschine zubereiten. Auf einen Teller legen, mit Klarsichtfolie abdecken und etwas ruhen lassen. Ist es sehr warm in der Küche, den Teig eine Weile in den Kühlschrank stellen. Den Ofen auf 200 °C vorheizen.

Den Teig ausrollen und eine Tarteform (Ø 24 cm) auskleiden. Den Boden mit einer Gabel mehrmals einstechen und die Ränder mit Alufolie bedecken. Den Teig 15–20 Minuten vorbacken, bis die Oberfläche etwas Farbe bekommen hat. Nach der Hälfte der Backzeit die Folienstreifen entfernen. Den Tarteboden vollständig abkühlen lassen.

Alle Zutaten für das Basilikumöl mixen und mit Salz und Pfeffer abschmecken.

Jetzt die Füllung zubereiten: Das Basilikum fein hacken und mit den restlichen Zutaten für die Füllung bis auf die Tomaten vermengen. Mit Salz und Pfeffer abschmecken. Die Füllung auf dem Tarteboden verteilen und mit in Scheiben geschnittenen Tomaten belegen. Mit Basilikumöl beträufeln, das restliche Öl dazu reichen.

Notizen:

TEXMEX ONE POT

Alles, was müde Mütter und Väter für einen gemütlichen Fernsehabend brauchen, in einer Form!

6 Personen

SALSA
1 Avocado
½ rote Zwiebel
1 Tomate
1 kleine Dose Mais
1 Limette, Saft
½ Bund Koriander
Salz und Pfeffer

GRATIN
2 Knoblauchzehen
2 ½ EL Texmex-Gewürz (siehe unten)
2 EL Olivenöl
800 g Rinderhackfleisch
1 Fleischbrühwürfel
1 EL japanische Sojasauce
ca. 20 Nachochips
50 g geriebener Cheddar

Zunächst die Salsa zubereiten. Die Avocado, die rote Zwiebel und die Tomaten in kleine Würfel schneiden. Mit dem abgetropftem Mais und dem ausgepresstem Limettensaft vermengen. Den Koriander hacken und unterrühren. Mit Salz und Pfeffer abschmecken.

Den Ofen auf 200 °C vorheizen. Den frisch gepressten Knoblauch und das Texmex-Gewürz 30 Sekunden in Öl anschwitzen. Das Hackfleisch zugeben und unter Rühren zusammen mit dem zerbröselten Brühwürfel und der Sojasauce durchbraten.

Das Hackfleisch in eine feuerfeste Form füllen. Ca. 20 Nachochips und den Käse darauf verteilen. Die Form in den Ofen stellen und auf mittlerer Schiene wenige Minuten backen, bis der Käse geschmolzen ist. Den Gratin mit der Salsa servieren.

TEXMEX-GEWÜRZ

Ergibt etwa 180 g fertige Gewürzmischung.

30 g Paprikapulver
30 g gemahlener Kreuzkümmel
30 g Zwiebelpulver
2 EL Oregano
2 TL frisch gemahlener schwarzer Pfeffer
1 TL Chiliflocken
1 TL Salz

Alle Gewürze gut vermengen. In ein Glas mit Deckel füllen und dunkel und kühl aufbewahren.

SCHNELL UND EINFACH

SCHNELLE FLEISCHBÄLL-CHEN MIT TOMATENREIS

Ein pfiffiges Rezept für die beliebten schwedischen Fleischbällchen (Köttbullar) – so schnell und so einfach!

4 Personen

2 Zwiebeln
2 Knoblauchzehen
6 rohe Würstchen, nicht zu grob
1 EL Olivenöl
200 g Basmatireis
500 ml kochendes Wasser
400 g gehackte Tomaten
Salz und Pfeffer
frischer Koriander
Limettenspalten zum Servieren

Die Zwiebeln und den Knoblauch schälen und fein hacken. Bei den Würstchen die Enden abschneiden, das Brät herauspressen und zu walnussgroßen Fleischbällchen formen. In einer großen Pfanne in etwas Öl braten, bis sie rundherum gebräunt sind. Aus der Pfanne nehmen und zur Seite stellen.

Das restliche Öl in die Pfanne geben und die Zwiebeln bei mittlerer Hitze 10 Minuten anschwitzen, bis sie weich werden. Den Knoblauch hinzufügen und noch ein paar Minuten braten.

Den Reis, das Wasser und die Tomaten zugeben. Zugedeckt 12–15 Minuten bei niedriger Hitze köcheln, bis der Reis gar ist. Die Fleischbällchen hinzufügen und mitbraten, bis sie gar sind.

Mit Salz und Pfeffer abschmecken, mit Koriander bestreuen und mit Limettenspalten zum Darüberpressen servieren.

Notizen:

BACONPASTA MIT SPARGEL UND ROSMARIN

Dieses Gericht schmeckt nach mehr! Pasta und Sauce zusammen im gleichen Topf – das spart Abwasch und Zeit.

4 Personen

500 g Nudeln nach Wahl
150 g Bacon
1 Bund grüner Spargel
½ EL Olivenöl
150 ml Schlagsahne
½ TL getrockneter oder
½ EL frischer Rosmarin, fein gehackt
100 ml Nudelwasser
Salz und Pfeffer

Die Nudeln nach Packungsanweisung zubereiten. Währenddessen die Baconscheiben in Streifen schneiden. Den etwas holzigen unteren Teil des Spargels abschneiden und dann den Rest in 2–3 Stücke teilen.

Vom Nudelwasser 100 ml zur Seite stellen und die Nudeln in ein Sieb abgießen. Mit kaltem Wasser abspülen und gut abtropfen.

Den heißen Topf zurück auf den Herd stellen und das Olivenöl hineingeben. Unter Rühren die Baconstreifen anbraten, bis sie knusprig werden. Die Sahne, den Rosmarin und das Nudelwasser hinzufügen und 3 Minuten köcheln lassen. Dann den Spargel zugeben und 1–3 Minuten mitkochen lassen, je nachdem, wie weich Sie ihn mögen. Die Nudeln unterheben und in der Sauce erwärmen. Mit Salz und Pfeffer abschmecken.

Notizen:

....

....

....

....

SALAT MIT GARNELEN UND BROKKOLI

Knackiger Brokkoli und leckere Garnelen werden mit einem wirklich aromatischen Dressing kombiniert. Ein schnell zubereitetes Gericht, das man hervorragend den Gästen am Mittagstisch anbieten kann.

4 Personen

DRESSING
1 große Knoblauchzehe
½ EL französischer Senf
1 TL flüssiger Honig
1 Prise zerbröselter getrockneter Estragon
1 EL ausgepresster Zitronensaft
½ EL Rot- oder Weißweinessig
4 EL Raps- oder Olivenöl
Salz und schwarzer Pfeffer

SALAT
2 Köpfe Brokkoli
150 g Rucola
1 kg Garnelen mit Schale
250 g Kirschtomaten
30 g Parmesan oder Grana Padano

Zunächst das Dressing zubereiten. Die Knoblauchzehe auspressen und mit den restlichen Zutaten verrühren. Mit Salz und Pfeffer abschmecken.

Den Brokkoli in kleine Röschen teilen. Auf einer Servierplatte oder in einer Schüssel mit der Hälfte des Dressings vermengen. Den Brokkoli ziehen lassen, während der restliche Salat zubereitet wird.

Den Rucola kurz in kaltes Wasser legen und dann gründlich abtropfen. Die Garnelen schälen und die Tomaten halbieren. Alles mit dem Brokkoli vermischen. Das restliche Dressing angießen und den Parmesan oder Grana Padano über den Salat hobeln. Am besten mit einem guten Brot servieren.

Notizen:

KÜRBISRISOTTO MIT SALBEI UND RUCOLA

Ein wunderbar cremiges und schnell zubereitetes Risotto, das wirklich satt macht

4 Personen

1 Butternut-Kürbis, ca. 1 kg
650 ml Gemüse- oder Hühnerbrühe
½ EL getrockneter Salbei
150 ml trockener Weißwein (wenn kein Wein vorhanden ist, die gleiche Menge Wasser)
300 g Risottoreis (z.B. Arborio oder Carnaroli)
2 Knoblauchzehen
100 g Butter
100 g frisch geriebener Parmesan oder Grana Padano + ein wenig zum Garnieren
2 Prisen Salz
frisch gemahlener schwarzer Pfeffer
3 Handvoll Rucola
etwas Olivenöl

Den Kürbis mit einem scharfen Messer schälen, halbieren und die Kerne entfernen. Das Kürbisfleisch in etwa 1,5 × 1,5 Zentimeter große Würfel schneiden.

In einem großen Topf die Brühe, den Salbei und gegebenenfalls den Wein aufkochen. Das Kürbisfleisch hinzufügen, erneut aufkochen und dann bei mittlerer Hitze zugedeckt 5 Minuten kochen. Die Hitze reduzieren. Den Reis hinzufügen und den Knoblauch dazupressen. Ständig am Boden des Topfes rühren, damit der Reis nicht ansetzt. Ca. 15 Minuten köcheln lassen, der Reis sollte noch leicht bissfest und die meiste Flüssigkeit eingekocht sein.

Den Topf vom Herd nehmen. Die Butter, den Parmesan oder Grana Padano sowie Salz und reichlich frisch gemahlenen Pfeffer zugeben. Kräftig rühren, damit der Kürbis zerdrückt und das Risotto cremig wird. Auf tiefe Teller verteilen und etwas Käse darüberreiben. Mit Rucola und einigen Tropfen Olivenöl garnieren und sofort servieren.

Notizen:

....

....

....

....

TORTILLA

Haben Sie gekochte Kartoffeln übrig, ist das Abendessen im Handumdrehen fertig!

4 Personen

250 g kalte gekochte Kartoffeln
1 Chorizo
1 roter Chili
1 Zwiebel
2 EL Olivenöl
Salz und Pfeffer
8 Eier
1 Bund Rucola

Den Ofen auf 225 °C vorheizen. Die Kartoffeln, die Chorizo und den Chili in Scheiben schneiden (soll die Tortilla nicht so scharf werden, den Chili erst entkernen). Die Zwiebel schälen und grob hacken und in einer ofengeeigneten Pfanne bei mittlerer Hitze im Öl anschwitzen. Wenn die Zwiebelwürfel weich sind, herausnehmen und die Kartoffeln, die Wurst und den Chili einige Minuten braten. Dann die Zwiebeln zurück in die Pfanne geben. Mit Salz und Pfeffer würzen.

Die Eier verquirlen und in die Pfanne gießen. Die Kartoffeln leicht anheben, damit die Eier darunterfließen können. Braten, bis die Tortilla auf der Unterseite fest geworden ist, dann für einige Minuten in den Ofen geben, bis auch die Oberfläche fest und gebräunt ist. Mit etwas Rucola garnieren und servieren.

Notizen:

....

....

....

....

GRIECHISCHER BAUERNSALAT MIT WARM GERÄUCHERTEM LACHS

Eine sättigende und luxuriöse Variation eines wohlbekannten Themas.

3–4 Personen

DRESSING
1 EL Zitronensaft
1 EL japanische Sojasauce
3 EL Raps- oder Olivenöl
Salz und schwarzer Pfeffer

SALAT
1 Dose Kidneybohnen à 400 g
4 Tomaten
1 Gurke
1 kleine rote Zwiebel
200 g warm geräuchertes Lachsfilet
100 g Feta
45 g Kalamata-Oliven
einige Zweige frischer Oregano nach Geschmack

Die Zutaten für das Dressing verrühren und mit Salz und Pfeffer abschmecken. Die Bohnen in einem Sieb abspülen und abtropfen. Die Tomaten und die Gurke in grobe Stücke schneiden, die Zwiebel schälen und in dünne Spalten schneiden. Die Bohnen, das Gemüse und die Zwiebeln auf einem Teller vermengen und die Hälfte des Dressings darübergießen.

Den Lachs etwa so groß wie das Gemüse zerkleinern und die Stücke auf dem Salat verteilen. Den Feta zerbröseln und mit den Oliven und frischem Oregano auf dem Salat verteilen. Dann das restliche Dressing angießen und den Salat mit einem guten Brot servieren.

Notizen:

SCHNELLE PAELLA

Bei dieser Variante des klassischen Gerichts haben wir ein wenig geschummelt, damit es sehr schnell zuzubereiten ist. Kaufen Sie eine richtig gute Chorizo mit viel Aroma, dann wird die Paella garantiert lecker!

4 Personen

1 Zwiebel
1 rote Paprika
1 grüne Paprika
1 Chorizo, ca. 100 g
2 Knoblauchzehen
1 EL Olivenöl
200 g Basmatireis
500 ml kochendes Wasser
1 Dose Kirschtomaten
500 g Garnelen mit Schale
Salz und Pfeffer

Die Zwiebel schälen und in dünne Spalten schneiden. Die Paprika entkernen und in Streifen und die Wurst in Scheiben schneiden. Den Knoblauch schälen und fein hacken. Das Ganze bei mittlerer Hitze in Öl anbraten. Den Reis, das Wasser und die Tomaten unterrühren. Bei niedriger Hitze zugedeckt 12–15 Minuten köcheln lassen, bis der Reis weich ist. Währenddessen die Garnelen schälen.

Die Garnelen zur Paella geben und kurz heiß werden lassen. Mit Salz und Pfeffer abschmecken und servieren.

Notizen:

....

....

....

....

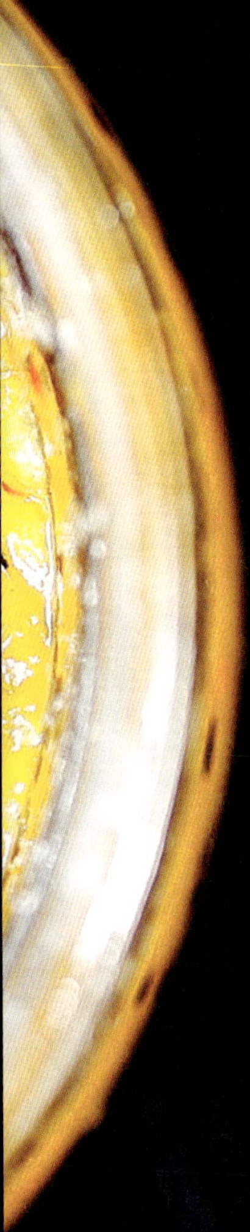

BROTE UND DIPS

WALNUSSPESTO
MANGO-
CHUTNEY
FETACREME
MIT MINZE

REZEPTE AUF DER NÄCHSTEN SEITE

GEDREHTE LEINSAMENBAGUETTES

Leinsamen verleihen diesen leicht zuzubereitenden Broten ein feines, nussiges Aroma.

3 Baguettes

50 g Hefe
500 ml Wasser
2 TL Salz
35 g ganze Leinsamen
660 g Weizenmehl
Type 550

Die Hefe in eine Schüssel bröseln und mit dem Wasser und dem Salz verrühren. Die Leinsamen und das Mehl hinzufügen und zu einem glatten Teig verarbeiten. Die Schüssel in Klarsichtfolie einwickeln oder – noch einfacher – in eine große Plastiktüte stecken. Den Teig mindestens 1 Stunde gehen lassen, gerne auch bis zu 3 Stunden.

Den Ofen auf 250 °C vorheizen. Ein Backblech mit Backpapier auslegen. Den Teig auf eine gut bemehlte Arbeitsfläche legen. Mit dem Teigschaber den Teig vorsichtig wenden, sodass er rundum mit Mehl bedeckt ist, ohne dass er seine Luftigkeit verliert. Dann in 6 Streifen teilen. Jeweils 2 Streifen längst zu Baguettes verdrehen und auf das Blech legen.

Etwa 11–13 Minuten backen, bis die Baguettes Farbe angenommen haben.

Notizen:

SONNENBLUMENKERN-BRÖTCHEN

Ein gutes, selbst gebackenes Brot wertet jedes Gericht auf. Diese einfachen Brötchen kann man auf Vorrat im Gefrierschrank haben und vor der Mahlzeit schnell auftauen.

10 Stück

245 g Hefe
300 ml kaltes Wasser
1 ½ TL Salz
2 EL Sonnenblumenkerne
360 g Weizenmehl Type 550

Die Hefe in eine Schüssel bröseln und mit dem Wasser und dem Salz verrühren. Die Sonnenblumenkerne und das Mehl hinzufügen und alles zu einem glatten Teig verarbeiten. Die Schüssel in Klarsichtfolie einwickeln oder – noch einfacher – in eine große Plastiktüte stecken. Den Teig mindestens 1 Stunde gehen lassen, gerne auch bis zu 3 Stunden.

Den Ofen auf 275 °C vorheizen. Ein Backblech mit Backpapier auslegen. Den Teig auf eine gut bemehlte Arbeitsfläche legen. Mit dem Teigschaber den Teig vorsichtig wenden, sodass er rundum mit Mehl bedeckt ist, ohne dass er seine Luftigkeit verliert. Den Teig zu einem etwa 50 cm langen Leib formen und in 10 schräge Stücke schneiden. Die Stücke verdrehen und auf das Blech legen. Das Blech sofort in den Ofen stellen und die Brötchen 9–11 Minuten backen, bis sie eine schöne Farbe angenommen haben. Auf dem Blech abkühlen lassen. Brötchen, die Sie nicht direkt essen, sollten Sie so schnell wie möglich, spätestens innerhalb eines Tages, einfrieren.

Notizen:

LANDBROT

Ein großes, einladendes Brot mit knuspriger Kruste und saftigem Kern. Perfekt, wenn viele am Tisch sitzen.

1 großes Brot

50 g Hefe
500 ml Wasser
2 TL Salz
65 g feines Roggenmehl
600 g Weizenmehl
Type 550

Die Hefe in eine Schüssel bröseln und mit dem Wasser und dem Salz verrühren. Beide Mehlsorten hinzufügen und zu einem glatten Teig verarbeiten. Die Schüssel in Klarsichtfolie einwickeln oder – noch einfacher – in eine große Plastiktüte stecken. Den Teig mindestens 1 Stunde gehen lassen, gerne auch bis zu 3 Stunden.

Den Ofen auf 250 °C vorheizen. Ein Backblech mit Backpapier auslegen. Den Teig auf eine gut bemehlte Arbeitsfläche legen. Mit dem Teigschaber den Teig vorsichtig wenden, sodass er rundum mit Mehl bedeckt ist, ohne dass er seine Luftigkeit verliert. Einen gleichmäßigen Leib formen und 10 Minuten auf dem Blech ruhen lassen.

Das Brot auf der Oberseite ein paar Mal einschneiden und in den Ofen stellen. Etwa 10 Minuten backen, bis es etwas Farbe bekommen hat. Dann die Hitze auf 200 °C reduzieren und das Brot weitere 40 Minuten backen. Auf einem Rost abkühlen lassen.

Notizen:

....

....

....

....

MAZETTI
ÖGON
CACAO

SCHNELLE KUCHEN UND DESSERTS

BEERENCRUMBLE

Ein ganz einfach zubereitetes Dessert, welches das ganze Jahr über funktioniert. Im Winter verwenden Sie einfach tiefgekühlte Beeren!

4 Personen

100 g Butter
90 g Zucker
90 g Weizenmehl
300–400 g frische oder tiefgekühlte Beeren
abgeriebene Schale von ½ Bio-Limette
45 g Zucker
1 EL Kartoffelmehl

Den Ofen auf 200 °C vorheizen. Die Butter, den Zucker und das Mehl zu Streuseln verarbeiten.

Die Beeren, die Limettenschale, den Zucker und das Kartoffelmehl in einer Schüssel mischen. Auf kleine Tarteförmchen verteilen und mit den Streuseln bedecken.

Etwa 15 Minuten backen, bis die Beeren leicht Blasen werfen und die Oberfläche Farbe bekommen hat. Die Desserts noch leicht warm mit einem Klecks Schlagsahne, Eis oder Vanillesauce servieren.

Notizen:

....

....

....

....

APFELKUCHEN

Das Geheimnis dieses Apfelkuchens ist, dass er gar nicht so viele Äpfel enthält. Frische und aromatische Apfelsorten eignen sich für dieses Rezept besonders gut.

4–6 Personen

200 g Butter
180 g Zucker
210 g Weizenmehl
1 großer Apfel oder
2 kleine Äpfel mit
viel Aroma

Den Ofen auf 200 °C vorheizen. Die Butter, den Zucker und das Mehl zu Streuseln verarbeiten. Die Hälfte des Streuselteigs als Boden in eine Tarteform oder andere feuerfeste Form geben und leicht andrücken.

Die Äpfel halbieren, entkernen und in dünne Scheiben schneiden. Sie müssen nicht geschält werden. Die Apfelstücke in die Form legen und mit dem restlichen Streuselteig bedecken.

Etwa 20 Minuten backen, bis der Kuchen eine schöne goldgelbe Farbe hat. Mit Eis oder Vanillesauce servieren.

Notizen:

....

....

....

....

SAFTIGER KUCHEN MIT MANDELN UND ZIMT

Ein pfiffiges Rezept, das wenig Abwasch macht und nicht mehr als ein paar Minuten in der Zubereitung braucht. Das Ergebnis ist ein überraschend leckerer und saftiger Kuchen.

6–8 Stücke

100 g Butter
180 g Zucker
2 Eier
1 Prise Salz
120 g Weizenmehl
30 g Mandelspäne
1 TL Zimt

Den Ofen auf 175 °C vorheizen. Eine längliche Backform (1 ½ l Volumen) mit Backpapier auslegen.

Die Butter in einem großen Topf, in dem Platz für den gesamten Teig ist, zerlassen. Den Topf vom Herd nehmen und alle übrigen Zutaten bis auf die Mandeln und den Zimt in die Butter rühren. Den Teig in die Form gießen und mit Mandeln und Zimt bestreuen.

Im unteren Teil des Ofens etwa 35 Minuten backen, bis der Kuchen gar ist. Machen Sie mit einem Spieß eine Garprobe. Den Kuchen in der Form abkühlen lassen. Pur oder mit frischen Beeren und evtl. einem Klecks Schlagsahne servieren.

Notizen:

SCHOKOLADENKUCHEN MIT WEICHEM KERN

Dieser mächtige und gefährlich leckere Schokokuchen macht viele Gäste satt und zufrieden. Am besten bereiten Sie ihn einige Tage vorher zu und stellen Sie ihn in den Kühlschrank, damit die Aromen sich richtig entfalten können.

10–12 Personen

300 g Butter
540 g Zucker
4 Eier
60 g Kakaopulver
1 EL Vanillezucker
1 Prise Salz
180 g Weizenmehl
100 g dunkle Schokolade

Den Ofen auf 175 °C vorheizen. Ein kleines Blech, ca. 25 × 30 cm, mit Backpapier auslegen. Die Butter in einem großen Topf, in dem Platz für den gesamten Teig ist, zerlassen. Den Zucker, die Eier, das Kakaopulver, den Vanillezucker und das Salz hinzufügen. Gründlich mischen und dann das Mehl unterrühren. Den Teig in die Form gießen. Die Schokolade grob hacken und darüberstreuen.

Etwa 30 Minuten backen, der Kuchen soll in der Mitte noch nicht ganz gar sein. In der Form vollständig abkühlen lassen und dann mit dem Papier herausheben, bevor Sie es ablösen. Der Kuchen hält sich ohne Weiteres einige Tage im Kühlschrank.

Notizen:

LECKERES BLAUBEEREIS

Ein himmlisch leckeres und besonders leicht zuzubereitendes Eis. Gesüßte Kondensmilch finden Sie in den meisten Supermärkten.

6 Personen

400 g Blaubeeren (frisch oder tiefgekühlt und aufgetaut)
1 Dose gesüßte Kondensmilch (ca. 400 g)
500 ml Schlagsahne
1 TL Vanillezucker

Einige Blaubeeren zum Garnieren zur Seite stellen. Die übrigen Beeren mit dem Pürierstab mit 3 EL der Kondensmilch zu einem Püree verarbeiten.

Die restliche Kondensmilch mit der Sahne und dem Vanillezucker zu einer festen Creme verrühren. Die Sahnemasse in 6 Portionsförmchen verteilen. In kleinen Portionen das Blaubeerpüree hinzufügen und danach kurz unterheben, nicht zu gründlich verrühren. Dann mit einigen Beeren garnieren. Das Eis mindestens 2 Stunden einfrieren.

Etwa 5 Minuten vor dem Verzehr das Eis herausnehmen.

Notizen:

Mette Ankarloo ist Rezeptentwicklerin, Foodstylistin und Kochbuchautorin. Nach mehr als 20 Jahren in der Branche sind inzwischen zahlreiche Berichte und Bücher zum Thema Kochen und Backen aus ihrer Feder erschienen. Die Devise „Alles kann gelingen" findet sich nicht nur in diesem, sondern in all ihren Büchern wieder.

Christina Uhlin arbeitet als Fotografin für die Zeitschrift „Allers" und fotografiert Essen, Mode, Einrichtung und Porträts. Die Food-Fotografie liegt ihr besonders am Herzen, und sie hat bereits früher die Fotos für verschiedene andere Kochbücher gemacht.

REGISTER